Christel Claudius

Bilderrahmen
Rahmenbilder

Christel Claudius

Bilderrahmen Rahmenbilder

Werkzeug - Material - Technik
Beispiele und Anwendungen

Augustus Verlag

Inhalt

Vorwort

Bilderrahmen, die aus dem Rahmen fallen. Die hier vorgestellten Beispiele zeigen vielerlei Möglichkeiten der Gestaltung: originelle Rahmen für Fotos, Bilder, Objekte, Spiegel. Nicht, wie sonst üblich, ein Bild durch einen passenden Rahmen zur Geltung zu bringen, sondern Rahmen und Inhalt als Einheit, als ein neues Ganzes zu sehen, darauf kommt es an.

Mal ist es zuerst eine Idee für einen Rahmen, mal ein Bild oder Objekt, für das Sie einen Rahmen suchen – immer ist die Herstellung verbunden mit kreativer Verwandlung: vom einfachen Bilderrahmen zu einem künstlerischen Gegenstand.

Das Buch zeigt, wie Sie mit einfachen Techniken Rahmen bauen und auf verschiedenste Weise gestalten können. Lassen Sie Ihre Phantasie spielen, auch wenn Ihre Ergebnisse vielleicht nicht gleich perfekt aussehen. Probieren Sie aus, experimentieren Sie mit Farben, Mustern, Materialien, Formen. Die Anleitungen und Fotos des Buches mögen Ihnen Hilfestellungen und Anregungen für Ihre Arbeit geben. Dazu wünsche ich Ihnen viel Freude.

Christel Claudius

Material und Werkzeug

Arbeitsplatz

Ideale Arbeitsbedingungen für die Herstellung Ihrer Bilderrahmen bietet eine kleine Werkstatt. Die Werkbank sollte eine ebene Arbeitsfläche haben. Günstig ist, wenn sie frei im Raum steht, so daß sie von allen Seiten zugänglich ist. Die Werkbank muß stabil genug sein, damit sie beim Hämmern und Sägen nicht wackelt.

Wenn Sie keine Werkstatt haben, können Sie die Arbeiten zur Herstellung von Bilderrahmen auch an einem stabilen Küchentisch ausführen. Der Tisch sollte so stehen, daß Sie rundherum genügend Platz haben, um auch längere Leisten sägen zu können. Zum Schutz der Tischplatte legen Sie eine große Pappe oder Spanplatte auf. Der Fußboden sollte leicht zu säubern sein, denn beim Arbeiten mit Holz fallen Sägemehl oder Schleifstaub an.

Als Unterlage zum Schneiden von Passepartouts oder Bildrückwänden dient eine feste Pappe oder eine spezielle Schneidunterlage, die Sie im Bastelgeschäft oder in Geschäften für Grafikbedarf erwerben können. Auch einige alte Zeitungen werden gebraucht, um die Arbeitsfläche bei Klebearbeiten abzudecken.

Leisten

Zum Bau der Bilderrahmen benötigen Sie Leisten. In Holzhandlungen oder Baumärkten finden Sie ein breit gefächertes Angebot an Profil-, Rechteck- oder Zierleisten. Spezielle Bilderrahmenleisten kaufen Sie am besten bei einem Rahmenhersteller. Dort finden Sie eine große Auswahl unterschiedlichster Profile, die eigens zu diesem Zweck hergestellt werden.

Sie schneiden die Leisten entweder auf Gehrung zu oder leimen sie im rechten Winkel auf Stoß zusammen. Am professionellsten arbeiten Sie, wenn Sie Falzleisten verwenden, aber auch mit einfachen Rechteckleisten lassen sich originelle Rahmen herstellen.

Rahmenleisten

Bilderrahmenleisten haben an der Rückseite einen Falz, in den das Glas, das Bild und die Rückwand eingelegt werden können. Sie können diese Leisten als Meterware kaufen oder in der Rahmenhandlung fertig zuschneiden lassen.

Leisten aus Baumärkten

Eine große Auswahl an Rechteckleisten in allen Breiten und Stärken finden Sie in der Holzhandlung oder im Baumarkt. Auch Profil- und Blendleisten können Sie verwenden. Bilderrahmen aus solchen Leisten erhalten einen Falz, indem Sie eine zweite schmale Leiste an der Rückseite aufleimen.

Zierleisten

Zum Verzieren von einfachen Rahmen bietet der Handel eine Reihe unterschiedlichster Profile und Schmuckleisten. Sie werden einfach aufgeleimt oder mit dünnen Stiften befestigt. Als weiteren Zierrat können Sie Rosetten, Blumen, Schleifen usw. aus Holz verwenden. Auch Leistenabschnitte, z. B. Dreiecke in verschiedenen Größen, werden zum Verzieren von Bilderrahmen benutzt.

Werkzeug

Grundsätzlich empfiehlt es sich, nur hochwertiges Werkzeug zu verwenden, um genau und sicher arbeiten zu können. Die Schneiden von hochwertigem Werkzeug behalten ihre Schärfe über lange Zeit. Wenn Ihnen die Anschaffung neuer Werkzeuge zu teuer ist, suchen Sie auf Flohmärkten oder in Anzeigenblättern nach gebrauchtem Werkzeug, z. B. aus einer Werkstattauflösung. Was Sie benötigen, ist im folgenden aufgelistet.

Gehrungssäge

Wichtigstes Werkzeug zum Zuschneiden der Leisten für einen Rahmen ist eine Gehrungssäge.

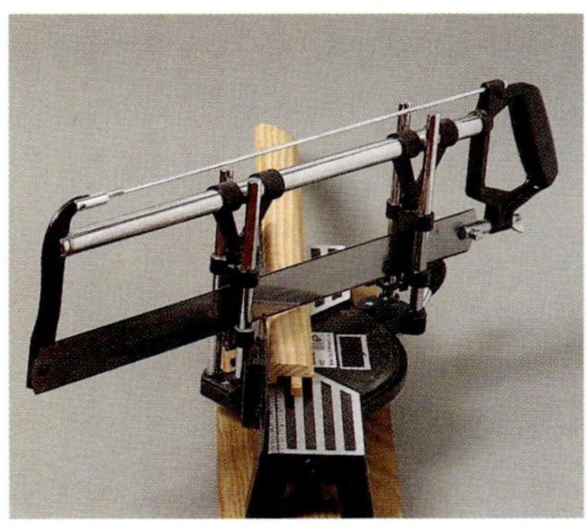

Gehrungssäge

Dabei handelt es sich um eine Feinsäge, die in einem schwenkbaren Gestell geführt wird. Mit der Gehrungssäge werden Winkelschnitte bis 45° ausgeführt. Auch jeder andere gewünschte Winkel läßt sich mit ihr sehr genau zuschneiden. Die Anschaffung lohnt sich, wenn die Säge häufig verwendet wird.

Gehrungslade und Feinsäge

Die Gehrungslade ist eine preisgünstige Alternative zur Gehrungssäge. Eine Gehrungslade hat Führungsschlitze für rechtwinklige Sägeschnitte und für 45°-Schnitte. Mit der dazu passenden Feinsäge lassen sich relativ genau Gehrungen für Bilderrahmen sägen. Allerdings besteht die Gefahr, daß sich die Führungsschlitze mit der Zeit etwas aufweiten, so daß die Sägeschnitte nicht mehr genau im 45°-Winkel verlaufen.

Gehrungslade und Feinsäge

Rahmenspanner

Um die gesägten Leisten zu einem Rahmen zusammenzuleimen, verwenden Sie am besten einen Rahmenspanner. Er besteht aus einem Halter mit vier rechtwinkligen Metallecken, die außen an die Rahmenecken angelegt werden. Mit einem Metallband, das um die vier Winkel herumgeführt wird, ziehen Sie alle vier Leisten des Rahmens fest zusammen.

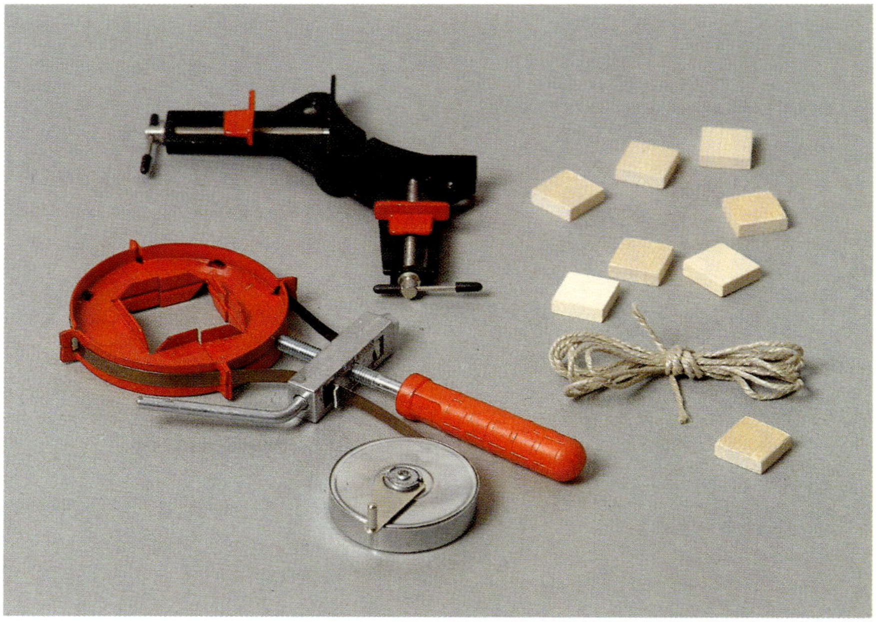

Werkzeuge zum Einspannen eines verleimten Bilderrahmens: Eckzwinge, Rahmenspanner, Spannschnur mit Holzklötzchen

Eckzwingen

Mit einer Eckzwinge werden durch das Anziehen der Spannschrauben zwei Leisten im rechten Winkel zusammengepreßt. Um einen Rahmen in einem Arbeitsgang zu verleimen, benötigen Sie vier Eckzwingen.

Mit Schraubzwingen werden zwei miteinander verleimte Leisten zusammengepreßt

Spannschnur

Sehr preiswert ist diese Methode, die Leisten eines Rahmens zusammenzupressen. Dabei werden Holzklötzchen als Abstandhalter zwischen Rahmen und Spannschnur geschoben.

Schraubzwingen

Um zwei Leisten aufeinander zu leimen, etwa beim Anbringen von Falzleisten, benötigen Sie Schraubzwingen, je nach Länge der zu verleimenden Leisten bis zu vier Stück.

Maßstab

Ein durchsichtiges Kunststofflineal ist sehr praktisch zum Ausmessen. Als Führungsschiene zum Schneiden von Pappe und Papier verwenden Sie jedoch besser ein Metallineal. Zum Prüfen der Eckverbindungen des Rahmens benötigen Sie einen rechten Winkel, möglichst ebenfalls aus Metall.

Als Maßstab verwenden Sie ein durchsichtiges Kunststofflineal

Bastelmesser (Cutter)

Zum Schneiden von Pappe und Papier verwenden Sie ein stabiles Bastelmesser. Für Pappe empfehle ich eine gebogene Klinge, für Papiere einen einfachen Cutter.

Sonstige Werkzeuge

Zum Einschlagen von Stiften benötigen Sie einen kleinen Hammer, zum Befestigen von Winkeln, Klammern oder Aufhängern einen dünnen Vorbohrer und einen passenden Schraubendreher. Zum Anzeichnen von Längen und Schnittkanten brauchen Sie einen Bleistift, zum Auftragen von Holzleim einen Pinsel. Papierklebeband wird mit einem kleinen Schwamm angefeuchtet und mit einem Falzbein angedrückt. Zum Glätten kleinerer Unebenheiten verwenden Sie feines Schleifpapier.

Arbeitsmaterial

Beim Verleimen der Leisten arbeiten Sie am besten mit einem schnell abbindenden Holzleim (z. B. Ponal expreß). Kleine Risse oder Fehler im Holz werden mit Holzfüllmasse in der Farbe Ihrer Leisten ausgebessert, ebenso nicht ganz korrekte Rahmenecken gefüllt. Damit ein schwerer Rahmen nicht auseinanderbricht, schrauben Sie auf der Rückseite der Rahmenecken Verstärkungswinkel auf. Verwenden Sie dazu entweder Metallwinkel oder schneiden Sie kleine Dreiecke aus Abfallholz oder Sperrholz selbst zu.

Um das Bild im Rahmen zu schützen, legen Sie es hinter eine Glas- oder Acrylscheibe. Das Glas können Sie beim Glaser fertig zuschneiden lassen, Acryl schneiden Sie selbst mit einem starken Cutter entlang einer Metallschiene.

Ein Passepartout in passender Farbe kann die Wirkung des gerahmten Bildes steigern. Im Handel gibt es Passepartouts in Standardgrößen und verschiedenen Farben mit abgeschrägtem Innenrand. Sie können aber auch ein Passepartout aus Pappe mit dem Cutter selbst zuschneiden. Um das Bild hinter einem Passepartout zu fixieren, verwenden Sie säurefreie Klebestreifen. Zum Schutz des Bildes legen Sie eine Rückwand aus 3 mm dicker weicher Pappe hinter das Bild.

Eine Rückwand aus 3 mm dicker weicher Pappe schützt das Bild

Wenn Sie das Bild aufstellen wollen und den Rahmen in einer Standardgröße hergestellt haben, verwenden Sie eine fertige Bildrückwand aus Hartpappe mit einem Aufsteller, der

Verstärkungswinkel für die Rückseite eines Rahmens: Metallwinkel oder Dreiecke aus Abfallholz oder Sperrholz

Herstellung eines Bilderrahmens

Mit Papierklebeband wird die Rückseite des Rahmens dicht verschlossen

herausgeklappt werden kann. Mit dünnen Stiften wird die Rückwand am Rahmen befestigt.

Papierklebeband dient dazu, das Bild dicht zu verschließen. Das Klebeband wird in Streifen geschnitten, mit einem Schwämmchen befeuchtet und auf Rückwand und Rahmen geklebt.

Zum Aufhängen eines Rahmens verwenden Sie je nach Gewicht unterschiedliche Aufhänger. Für leichte Bilder eignen sich am besten Klappösen, die oben in der Mitte (ein Aufhänger) oder oben an den Seiten (zwei Aufhänger) angebracht werden. Splentringe mit beweglichem Ring oder Ringschrauben nehmen Sie für größere Bilder. Splentringe liegen flach am Rahmen an, Ringschrauben stehen ab, sind aber stabiler. Sehr schwere Rahmen erhalten stabile Bildaufhänger, durch die eine Nylonschnur oder verstärkter Bilderdraht gezogen wird.

Möglichkeiten zum Aufhängen eines Rahmens: Klappösen, Splentringe oder Ringschrauben. Für sehr schwere Rahmen verwenden Sie stabile Bildaufhänger, durch die eine Nylonschnur oder verstärkter Bilderdraht gezogen wird

Auswahl der Leisten

Aus dem großen Angebot an Leisten wählen Sie die aus, die Ihnen für das zu rahmende Bild oder Objekt am besten geeignet erscheinen. Bilderrahmenleisten haben einen Falz, in den das Bild, eine Glasscheibe und eine Rückwand eingelegt werden. Diese Leisten gibt es in vielen Variationen: glatt, profiliert, mit Ornamenten versehen, in allen Farben, matt oder lackiert. Für die Rahmen in diesem Buch werden nur Leisten aus unbehandeltem Holz verwendet, weil die Rahmen hinterher weiter gestaltet werden.

Auch mit einfachen Rechteckleisten können Sie Rahmen der verschiedensten Art zusammenbauen und weiter bearbeiten. Rechteckleisten eignen sich besonders für breitere Rahmen. Wenn Sie auf die Vorder- oder Rückseite der Rechteckleisten schmalere Leisten aufleimen, erhalten Sie ebenfalls einen Falz, in den Sie Ihr Bild einlegen können. Auch mit Profilleisten können Sie interessante Effekte erzielen. Ebenso eignen sich Blendleisten zum Bau eines Bilderrahmens. Sie haben allerdings einen sehr großen Falz.

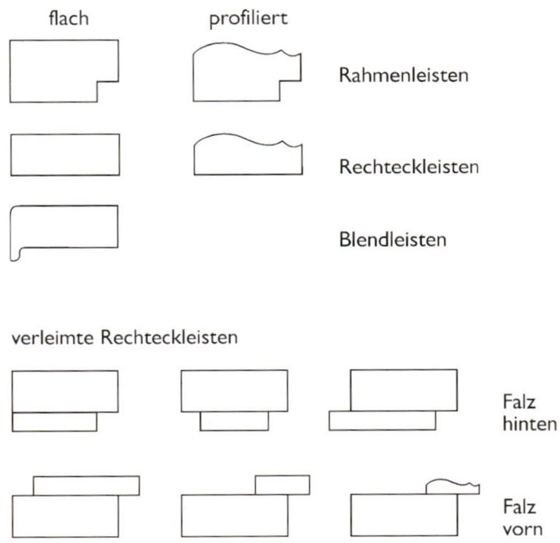

Zusammenbau

Die Leisten werden im Winkel von 45° auf Gehrung geschnitten und dann miteinander verleimt. Die Gehrung verleiht dem Rahmen ausgeglichene Proportionen und eine ausreichende Stabilität. Damit die Leisten nach dem Zusammenleimen einen rechten Winkel bilden, ist es wichtig, daß der Gehrungsschnitt genau im 45°-Winkel erfolgt. Bei Rahmen, die später weiter bearbeitet werden, können kleinere Unregelmäßigkeiten in der Gehrung zur Not mit Holzfüllmasse ausgebessert werden. Einen völlig anderen Eindruck ergibt ein Rahmen aus rechtwinklig zugeschnittenen Leisten, die Sie auf Stoß zusammensetzen. Auch ein solcher Rahmen paßt zu bestimmten Bildern oder Objekten recht gut.

Beim Zuschneiden der Leisten achten Sie darauf, daß Sie das Holz immer von der Oberfläche her sägen. So befinden sich eventuell ausbrechende Holzspäne am Schluß des Sägeschnitts immer auf der Rückseite Ihrer Arbeit. Sollte die Schnittfläche zu rauh sein, glätten Sie sie vorsichtig mit feinem Schleifpapier.

Gestaltung

Bei der Herstellung ausgefallener Bilderrahmen gibt es grundsätzlich zwei unterschiedliche Vorgehensweisen. Wenn Sie ein Bild oder Objekt haben, das Sie einrahmen möchten, suchen Sie die entsprechenden Leisten aus und überlegen sich eine zum Bild passende Gestaltung des Rahmens. Sie können aber auch den umgekehrten Weg gehen und einen Rahmen nach Ihrer Phantasie gestalten. In diesen Rahmen setzen Sie später einen Spiegel ein oder suchen ein passendes Bild dafür. Mit einem entsprechenden Passepartout kann ein solcher Rahmen auch an kleinere Bildformate angepaßt werden. Bei den in diesem Buch gezeigten Beispielen handelt es sich um Vorschläge für originelle Rahmen, die für sehr unterschiedliche Objekte verwendet werden können.

Berechnung der Leistenlänge

Bevor Sie eine Leiste kaufen, müssen Sie den Umfang Ihres Bildes oder Passepartouts kennen. Addieren Sie je zweimal die Länge und die Breite. Da die Rahmenleisten an allen Seiten überstehen, addieren Sie achtmal die Leistenbreite und als Sicherheit nochmals 10 cm dazu.

Beispiel (siehe Zeichnung):
Bild 30 x 40 cm
Leistenbreite 4 cm

Umfang:

zweimal Länge + Breite	140 cm
achtmal Leistenbreite	32 cm
Sicherheit	10 cm
benötigte Gesamtlänge	182 cm

Mit einem Winkel überprüfen Sie, ob Ihr Bild rechtwinklig zugeschnitten ist. Wenn das nicht der Fall ist, muß der Falz Ihrer Leiste groß genug sein, um beim Einbauen einen gewissen Spielraum zu lassen.

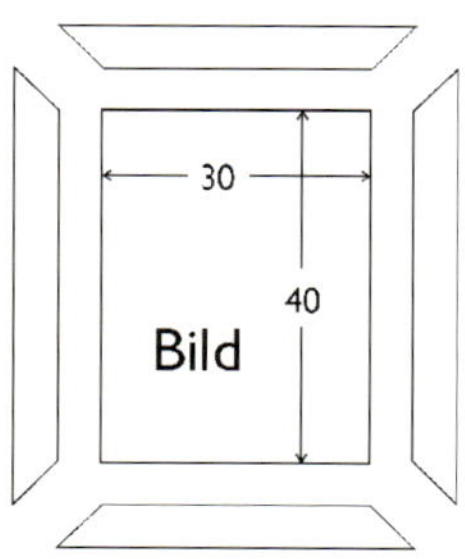

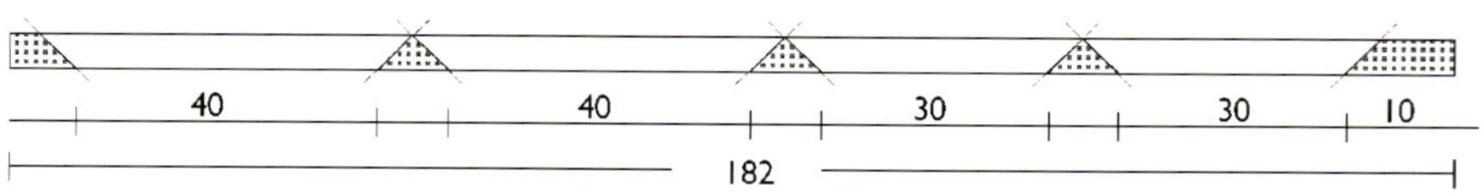

Zuschneiden der Leisten

Legen Sie die Leiste mit der Frontseite nach oben in die Gehrungslade, so daß die Außenkante am Anschlag der Lade anliegt. Liegt die Leiste wegen des Falzes schief auf, so muß sie von unten mit einer dünnen Leiste gestützt werden. Lassen Sie beim Sägen ein kleines Stück Leiste überstehen und achten Sie darauf, daß der 45°-Winkel in die richtige Richtung weist.

Beim Sägen liegt die Leiste mit der Frontseite nach oben in der Gehrungslade, Außenkante am Anschlag. Wenn die Leiste wegen des Falzes schief aufliegt, muß sie von unten mit einer dünnen Leiste gestützt werden

Beim Sägen drücken Sie die Leiste mit einer Hand gegen den hinteren Anschlag der Gehrungslade. Kippen Sie die Säge ein wenig und führen Sie mit leichtem Druck vorsichtig einen glatten Schnitt aus. Am Außenrand der nun geschnittenen Leiste messen Sie die Länge der ersten Querseite ab (Breite des Bildes plus doppelte Leistenbreite, zusätzlich 3 mm Sicherheit). Diese Länge markieren Sie mit einem Bleistift auf der Leiste. An der Markierung sägen Sie die zweite Gehrung, die dieses Mal entgegengesetzt verlaufen muß. Dazu wechseln Sie den Gehrungsschlitz. Wenn Sie eine Gehrungssäge verwenden, stellen Sie den 45°-Winkel in die andere Richtung ein.

Für den zweiten Gehrungsschnitt müssen Sie die Säge umstellen

Damit ist die erste Rahmenseite fertig. Am Ende der restlichen Leiste sägen Sie die nächste Gehrung. Dabei fällt ein dreieckiges Abfallstück an.

Die fertige Rahmenseite dient als Maß für die nächste Leiste. Dazu legen Sie beide mit der Innenkante aneinander. Markieren Sie mit einem Bleistift die Länge.

Wenn Sie auch diese Leiste auf Gehrung gesägt haben (wieder den richtigen Verlauf des Gehrungsschnittes beachten!), sind die beiden Querseiten des Rahmens fertig. Sägen Sie nun wieder am Ende der restlichen Leiste einen Gehrungsschnitt in der richtigen Richtung und messen Sie an der Außenkante die Länge der Längsseite ab (Länge des Bildes plus doppelte Leistenbreite plus 3 mm Sicherheit). Sägen Sie diese Leiste ebenfalls auf Gehrung. Sie dient als Maß für die letzte Rahmenseite.

Nach dem Zuschnitt der ersten Rahmenseite sägen Sie am Ende der restlichen Leiste die nächste Gehrung. Dabei gibt es ein dreieckiges Abfallstück

Die fertige Querseite dient als Maß für die nächste Leiste

Auch die erste Längsseite dient als Maß für die letzte Rahmenseite

Rauhe Schnittflächen glätten Sie vorsichtig mit feinem Schleifpapier

Die zugeschnittenen Leisten legen Sie zum Rahmen zusammen, um zu prüfen, ob die Gehrungen rechte Winkel ergeben und exakt zueinander passen. Sollte sich eine Leiste nicht genau einfügen, sägen Sie am besten eine neue. Zu rauhe Schnittflächen glätten Sie vorsichtig mit feinem Schleifpapier, wobei Sie darauf achten müssen, daß Sie die Fläche nicht rund schmirgeln, da sie sonst nicht glatt anschließt.

Zusammenbau des Rahmens

Zum Zusammenspannen beim Verleimen der Leisten gibt es mehrere Möglichkeiten, auf die schon eingangs hingewiesen wurde. Möchten Sie nur wenige Rahmen herstellen, nehmen Sie einfach Holzklötzchen und eine Spannschnur. Für größere Rahmen aus breiteren Leisten verwenden Sie Eckzwingen (Gehrungsschraubzwingen). Fachgerechter arbeiten Sie mit einem Rahmenspanner, dessen Anschaffung sich vor allem dann lohnt, wenn Sie viele Rahmen bauen wollen.

Zum Verleimen verwenden Sie einen handelsüblichen Holzleim (z. B. Ponal expreß). Er ist leicht aufzutragen und bindet schnell ab. Streichen Sie den Leim mit einem Pinsel oder auch mit dem Finger nicht zu dick auf die zu verleimenden Flächen. Überschüssiger Leim läßt sich leicht mit einem feuchten Tuch entfernen. Bei der Verwendung einer Spannschnur legen Sie die Leisten auf Zeitungspapier zu einem Rahmen zusammen. Streichen Sie die Schnittflächen mit Leim ein. An die Außenkanten der Ecken setzen Sie je zwei Klötzchen und legen dort eine Schnur herum.

Ziehen Sie nun die Schnur vorsichtig an und verknoten Sie die Enden fest miteinander. Damit die Schnur straff sitzt, schieben Sie die Klötzchen möglichst weit in die Ecken zwischen Schnur und Leistenkante.

Wenn Sie die Leisten mit einer Spannschnur zusammenpressen, benötigen Sie acht Klötzchen als Abstandhalter

Dabei wird der Rahmen zusammengedrückt. Nach dem Abbinden des Leims können Sie die Spannschnur entfernen.

Wenn Sie eine Eckzwinge verwenden, bestreichen Sie zwei Leisten an den Schnittflächen mit Leim. Die Leisten werden so in die Schraubzwinge eingespannt, daß die Gehrungen in der Mitte aufeinandertreffen. Um das Holz zu schützen, stecken Sie kleine Kartonstückchen zwischen die Zwinge und die Kanten der Leisten.

Wenn die Gehrungen genau aneinander liegen, ziehen Sie die Schrauben der Zwinge abwechselnd an, bis die Leisten nicht mehr verrutschen und die Ecke fest zusammengepreßt wird. Überschüssigen Leim entfernen Sie mit einem feuchten Tuch. Nach dem Abbinden des Leims nehmen Sie die fertige Ecke aus der Zwinge und verleimen die nächste ebenso.

Wenn Sie mit vier Eckzwingen arbeiten, können Sie den gesamten Rahmen in einem Arbeitsgang zusammenleimen.

Bei Verwendung eines Rahmenspanners legen Sie zunächst die vier Leisten auf Zeitungspapier zum Rahmen zusammen. Bestreichen Sie die Gehrungsflächen mit Leim. Dann ziehen Sie das Metallband so weit aus der Rolle, daß es locker um den Rahmen gelegt werden kann. Legen Sie die Winkel an die Ecken des Rahmens. Auch hierbei das Holz mit schmalen Kartonstreifen schützen.

Ziehen Sie das Metallband fest an. Es kann am Halter fixiert werden.

Damit die Schnur straff sitzt, schieben Sie die Klötzchen möglichst weit in die Ecken zwischen Schnur und Leistenkante. Dabei wird der Rahmen zusammengedrückt

Um das Holz in der Eckzwinge zu schützen, stecken Sie kleine Kartonstückchen zwischen die Zwinge und die Kanten der Leisten

Durch Anziehen der Schrauben werden die Ecken fest zusammengepreßt. Wenn Sie mit vier Eckzwingen arbeiten, können Sie den gesamten Rahmen in einem Arbeitsgang zusammenleimen

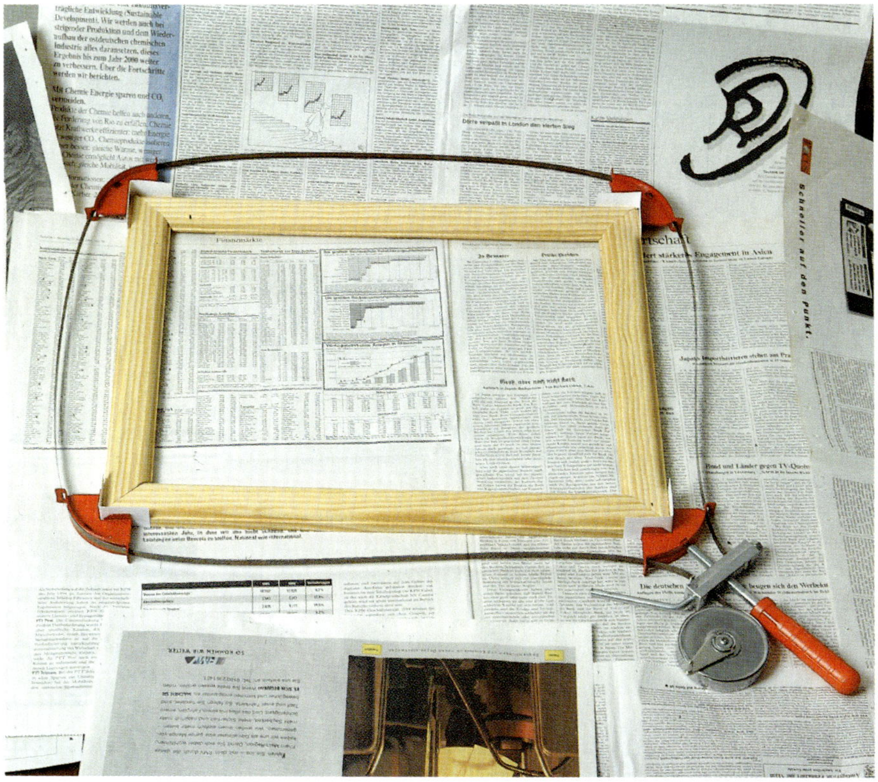

Bei Verwendung eines Rahmenspanners ziehen Sie das Metallband so weit aus der Rolle, daß es locker um den Rahmen gelegt werden kann. Die Winkel liegen an den Ecken des Rahmens an. Auch hierbei das Holz mit schmalen Kartonstreifen schützen

Die Leisten sind jetzt rechtwinklig ausgerichtet und werden in den Ecken zusammengepreßt. Damit sich die Umspannung nicht lockert, erhält der Halter durch das Drehen des Griffes zusätzliche Spannung. Nach dem Abbinden des Leims können Sie den Rahmenspanner entfernen.

Rahmen aus Rechteckleisten

Bei der Herstellung eines Rahmens aus Rechteck- oder Profilleisten gehen Sie genauso vor, wie vorher beschrieben. Beim Sägen müssen Sie keine Unterstützungsleisten unterlegen. Der Rahmen benötigt keinen Falz, wenn Sie dünne Drucke, Fotos oder Postkarten einfach dahinter kleben. Soll das Bild jedoch hinter Glas gerahmt werden, müssen Sie auf der Vorder- oder Rückseite des Rahmens Leisten aufleimen, so daß wieder ein Falz entsteht.

Durch Anziehen des Metallbands werden die Leisten des Rahmens rechtwinklig ausgerichtet

Wenn Sie diesen Falzrahmen auf der Rückseite Ihres Rahmens anbringen, steht der Rahmen ein wenig von der Wand ab. Es kann auch gut aussehen, wenn die Leisten für den Falz vorne auf den Rahmen aufgeleimt werden. Ebenso läßt sich eine schlichte Rechteckleiste mit einer aufgeleimten Profilleiste schmücken. Ein solcher Rahmen liegt hinten an der Wand an.

Die Leisten für den Falz können Sie entweder auf den schon fertigen Rahmen aufleimen, oder Sie leimen zunächst Rahmenleiste und Falzleiste zusammen und sägen beide dann auf Gehrung. Wenn Sie die Falzleisten auf der Rückseite Ihres Rahmens anbringen, bestimmen Sie die Breite der Falzleiste je nach der Breite der Rahmenleiste und dem benötigten Platz für das Bild. Messen Sie die Breite des Falzes von der Innenkante des Rahmens. Zeichnen Sie die Falzlinie über die ganze Länge der Rahmenseite. Auf diese Weise markieren Sie alle vier Seiten des Rahmens.

Beim Zuschneiden der Falzleisten gehen Sie genauso vor wie beim Sägen der Leisten für Ihren Rahmen. Die benötigte Länge für Ihre Leiste nehmen Sie an der Gehrung des Rahmens ab.

Leimen Sie die Falzleisten nacheinander auf die Rückseite des Rahmens. Sie werden mit Leim bestrichen und mit zwei oder drei Schraubzwingen angepreßt, bis der Leim abgebunden hat. Achten Sie beim Anziehen der Schraubzwingen darauf, daß sich die Leiste nicht auf dem feuchten Leimbett verschiebt und daß die Gehrung der Falzleiste auf der Gehrung des Rahmens liegt.

Falzleisten sind schmaler als die Leisten für den Rahmen. Auch die Falzleisten werden auf Gehrung zugeschnitten

Messen Sie die Breite des Falzes von der Innenkante des Rahmens und zeichnen Sie die Falzlinie über die ganze Länge der Rahmenseiten

Die Länge der Falzleiste nehmen Sie an der Gehrung des Rahmens ab

Beim Aufleimen einer Profilleiste auf die Vorderseite des Rahmens gehen Sie genauso vor. Die Profilleiste wird so angebracht, daß sie an der Innenkante des Rahmens übersteht und so den Falz für Glas, Bild und Rückwand bildet.

Sägen Sie die Profilleiste an einem Ende auf Gehrung. Legen Sie die Leiste an einer Ecke bündig an die Gehrung des Rahmens an. An der Innenkante soll die Profilleiste 5 mm überstehen.

Richten Sie die Leiste parallel zur Rahmenkante aus. Mit dem Bleistift eine Linie entlang der äußeren Leistenkante ziehen und an der nächsten Gehrung die benötigte Länge markieren. Sägen Sie die Leiste auf Gehrung. Wenn alle vier Seiten gesägt sind, legen Sie die Profilleisten auf den Rahmen, um zu prüfen, ob sie passen.

Die Falzleisten werden mit Leim bestrichen und mit Schraubzwingen angepreßt, bis der Leim abgebunden hat

Eine Profilleiste wird so aufgeleimt, daß sie an der Innenkante des Rahmens übersteht und so den Falz für Glas, Bild und Rückwand bildet

Sägen Sie die Profilleiste an einem Ende auf Gehrung. Die Leiste wird parallel zur Rahmenkante ausgerichtet, um an der nächsten Gehrung die benötigte Länge zu markieren

Profilleiste mit Schraubzwingen fest anpressen. Zum Schutz des Profils weiches Papier (Taschentücher) zwischen Schraubzwinge und Holz legen

Profilleisten hinten mit Leim einstreichen und entlang der Markierung auf den Rahmen legen. Mit zwei oder drei Schraubzwingen werden die Leisten fest angepreßt, wobei Sie zum Schutz des Profils weiches Papier (Taschentücher) zwischen Schraubzwinge und Profil legen. Achten Sie darauf, daß die Gehrungen aufeinanderliegen und die Leisten sich beim Anziehen der Schraubzwingen nicht verschieben.

Um aus Rechteckleisten einen Bilderrahmen mit Falz zu bauen, können Sie zwei passende Leisten vor dem Sägen aufeinanderleimen

Breite des benötigten Falzes auf der Rückseite der breiteren Leiste anzeichnen

Nachdem der Leim abgebunden hat, leimen Sie die nächste Seite auf.

Wenn Sie aus Rechteckleisten einen Bilderrahmen mit Falz bauen wollen, können Sie zwei passende Leisten vor dem Sägen aufeinanderleimen.

Dazu messen Sie die Gesamtlänge der Leiste für den Rahmen und sägen beide Leisten in dieser Länge

lang der Markierung auf die Rahmenleiste. Beide werden mit Schraubzwingen fixiert.

Nach dem Abbinden des Leims können Sie die Leisten in den benötigten Maßen auf Gehrung zuschneiden und zum Rahmen zusammenlegen. Die Gehrungsflächen mit Leim einstreichen, die Ecken mit Kartonstreifen schützen und alle Seiten fest einspannen.

Auf ähnliche Weise läßt sich eine breite Profilleiste durch Aufleimen einer Rechteckleiste mit einem Falz

Rahmenleiste und Falzleiste mit Schraubzwingen zusammenpressen

ab. Sollte Ihr Arbeitsplatz nicht ausreichen, um die Leisten in ihrer gesamten Länge zusammenzuleimen, sägen Sie die Leisten ungefähr auf die Länge der einzelnen Rahmenseiten rechtwinklig und leimen dann die jeweiligen Stücke aufeinander. Auf der Rückseite der breiteren Leiste messen Sie die Breite des benötigten Falzes ab. Ziehen Sie mit dem Bleistift die Falzlinie über die gesamte Leiste.

Bestreichen Sie die schmale Leiste mit Leim und pressen Sie sie ent-

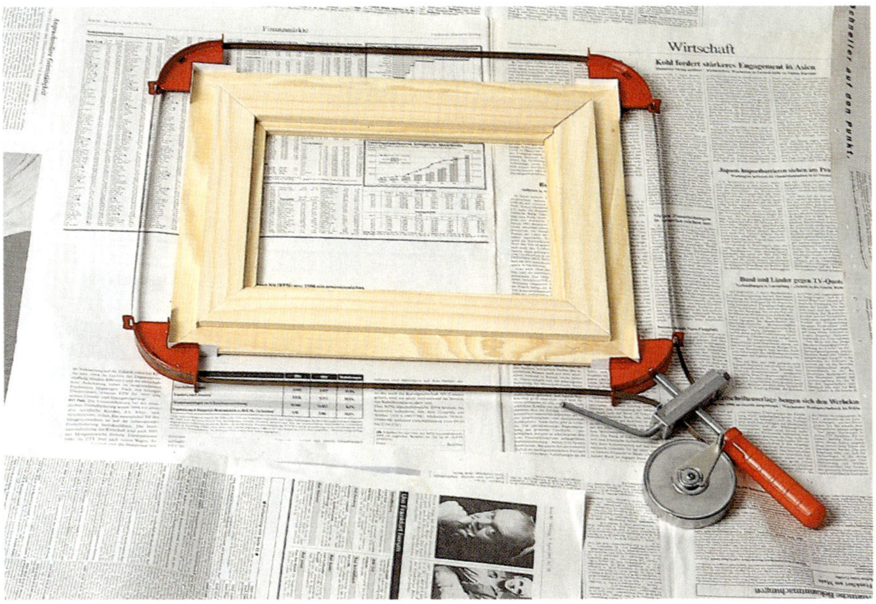

Nach dem Zuschneiden die verleimten Leisten zum Rahmen zusammenlegen, die Gehrungsflächen mit Leim einstreichen, die Ecken mit Kartonstreifen schützen und den Rahmen fest einspannen

Eine breite Profilleiste erhält einen Falz durch Aufleimen einer Rechteckleiste

Auf der Rechteckleiste markieren Sie den Abstand der Profilleiste von der Außenkante

Die verleimten Leisten mit der Profilseite nach oben auf Gehrung zuschneiden, zum Rahmen zusammenleimen und mit einem Rahmenspanner fest einspannen

versehen. Die Rechteckleiste wird so hinter die Profilleiste geklebt, daß sie am Außenrand etwas übersteht.

Sägen Sie zunächst beide Leisten in der benötigten Länge zu. Dann markieren Sie auf der Rechteckleiste den Abstand der Profilleiste von der Außenkante.

Bestreichen Sie die Profilleiste auf der Rückseite mit Leim. An der Linie entlang leimen Sie sie auf die Rechteckleiste. Die beiden Leisten werden mit Schraubzwingen auf der Arbeitsplatte festgespannt, bis der Leim abgebunden hat. Zum Schutz des Profils zwischen Leiste und Zwinge weiches Papier (Taschentuch) stecken. Die verleimten Leisten werden mit der Profilseite nach oben in den benötigten Maßen auf Gehrung zugeschnitten. Legen Sie sie dann auf der mit Zeitung abgedeckten Arbeitsfläche zum Rahmen zusammen. Die Schnittflächen mit Leim einstreichen, die Ecken mit Pappstückchen schützen und den ganzen Rahmen mit einem Rahmenspanner fest einspannen.

Auch bei Rahmen, deren Leisten auf Stoß zusammengeleimt werden, können Sie den Rahmenspanner verwenden

Leisten für den Falz werden so zugeschnitten, daß sie die Stoßfugen der Rahmenleisten überlappen. Dadurch erhält der Rahmen zusätzliche Stabilität. Nach dem Aufleimen der Falzleisten schrauben Sie die Verstärkungswinkel hinten auf die Ecken des Rahmens

Breite und dicke Rechteckleisten können Sie auch im rechten Winkel zuschneiden und zu einem Rahmen zusammenfügen. Aus vier gleich langen Stücken erhalten Sie, je nachdem, wie Sie die Leisten zusammensetzen, einen rechteckigen oder einen quadratischen Rahmen (siehe Zeichnung).

Legen Sie die Leisten auf Ihrer Arbeitsfläche zum Rahmen zusammen. An den Stoßflächen wird das Holz mit Leim eingestrichen. Den Rahmenspanner um den Rahmen legen und fest anziehen, um die Leisten gut zusammenzupressen.

Wenn der Rahmen einen Falz bekommen soll, leimen Sie eine schmalere Leiste auf der Rückseite auf, die ebenfalls auf Stoß zusammengesetzt wird. Die Falzleisten so zuschneiden, daß sie die Stoßfugen der Rahmenleisten überlappen.

Dadurch erhält der Rahmen Stabilität. Zur Verstärkung schrauben Sie nach dem Aufleimen der Falzleisten Winkel hinten auf die Ecken des Rahmens. Markieren Sie mit einem Bleistift die Lage der Schraubenlöcher. Mit einem dünnen Bohrer vorbohren, dann die Winkel festschrauben.

Um einen schlichten Rahmen aus Rechteckleisten wirkungsvoller zu gestalten, gibt es viele Möglichkeiten: Zierleisten entlang der Innenkante, auf die Gehrungsfuge oder auf die Außenkante des Rahmens aufleimen – Muster vorher ausprobieren und erst dann die Leisten zuschneiden; Rosetten oder anderer Zierrat wirkt am besten in der Mitte oder in den Ecken der Rahmenseiten; Abfallstücke unterschiedlicher Leisten miteinander kombinieren oder einzeln an den Rahmen leimen.

Möglichkeiten zur Gestaltung eines schlichten Rahmens aus Rechteckleisten: Zierleisten, Rosetten oder anderer Zierrat sowie Abfallstücke unterschiedlicher Leisten, die miteinander kombiniert oder einzeln an den Rahmen geleimt werden können

Einrahmen eines Bildes

Ein Bild läßt sich auf verschiedene Weise in einem Rahmen befestigen. Einen Druck, eine Grafik, ein Foto können Sie einfach hinter Ihren Rahmen kleben. Schneiden Sie das Bild so zu, daß es etwas größer ist als das Innenmaß des Rahmens. Kleben Sie das Bild auf dünnen Karton. Ist das Bild kleiner als der Ausschnitt des Rahmens, verwenden Sie als Untergrund einen farblich passenden Karton. Messen Sie die Längs- und Querseiten des Kartons. Danach schneiden Sie je zwei Klebestreifen zu, wobei Sie jeweils etwa 2 cm für die Überlappung zugeben. Den Rahmen umdrehen und das Bild mit der Rückseite nach oben darauflegen. Feuchten Sie die Klebestreifen mit einem nassen Schwamm an. Sie werden über Karton und Rahmen geklebt und mit dem Falzbein glatt angerieben.

Wenn Sie den Bilderrahmen als Wechselrahmen verwenden wollen, kleben Sie auf der Rückseite an drei Seiten flache Leisten auf. Sie werden so zugeschnitten, daß sie an den Längsseiten etwa 1 cm kürzer sind als der Rahmen. Nach dem Abbinden des Leims kleben Sie eine entsprechend zugeschnittene Pappe als Rückwand auf die drei Leisten auf. Beschweren Sie das Ganze mit einem Buch, bis der Leim trocken ist.

Um einen Bilderrahmen als Wechselrahmen zu gestalten, kleben Sie auf der Rückseite an drei Seiten flache Leisten auf (an den Längsseiten etwa 1 cm kürzer als der Rahmen). Nach dem Abbinden des Leims kleben Sie eine entsprechend zugeschnittene Pappe als Rückwand auf die drei Leisten auf

Das Bild wird so zugeschnitten, daß es zwischen die Leisten paßt

Zum Schluß schneiden Sie das Bild so zu, daß es zwischen die Leisten paßt. Kleben Sie es auf Karton auf. Diese Methode ist allerdings nicht für wertvolle Originale geeignet.

Bei einem Rahmen ohne Falz wird ein Bild auf Karton aufgezogen, mit der Rückseite nach oben auf die Rahmenrückseite gelegt und mit Klebestreifen festgeklebt

Wenn Sie Ihr Bild mit Glas schützen wollen, lassen Sie eine passende Scheibe beim Glaser zuschneiden.

Für einen Rahmen mit Falz benötigen Sie Glasscheibe, Bild und Rückwand in gleicher Größe. Wenn Sie ein Passepartout verwenden, kann das Bild kleiner sein. Es wird mit Klebestreifen hinter das Passepartout geheftet.

Säubern Sie zunächst die Glasscheibe. Sie wird in den Falz des Rahmens gelegt. Darauf kommt das Bild oder das Passepartout und zum Schluß die Rückwand. Nun schlagen Sie vorsichtig mit einem kleinen Hammer dünne Stifte seitlich in die Innenkante des Rahmens. Die Stifte müssen horizontal und fest auf der Pappe sitzen. Damit der Rahmen beim Einschlagen der Nägel nicht auseinanderbricht, befestigen Sie eine Leiste mit Schraubzwingen auf der Arbeitsplatte. An dieser Leiste wird die jeweilige Rahmenseite angelegt, um die Hammerschläge aufzufangen.

Wenn Sie den Rahmen staubsicher verschließen wollen, kleben Sie über die Rückwand und die Rahmenrückseite Papierklebeband. Es wird so

Für einen Rahmen mit Falz müssen Glasscheibe, Bild und Rückwand gleich groß sein. Wenn Sie ein Passepartout verwenden, darf das Bild auch kleiner sein, es wird dann mit Klebestreifen hinter das Passepartout geheftet. Dünne Stifte, die seitlich in die Innenkante des Rahmens eingeschlagen werden, halten die Einlagen im Falz fest

zugeschnitten, daß sich die einzelnen Streifen an den Ecken überlappen, und über den Rahmen und die Rückwand geklebt. Drücken Sie es mit dem Falzbein glatt an.

Eine weitere Möglichkeit, ein Bild im Falz zu befestigen, besteht darin, drehbare Klammern (Vorreiber) auf den Rand des Rahmens zu schrauben. Mit den Vorreibern kann das Bild leicht ausgewechselt werden. Bei dieser Methode sollte der Rahmen nicht zu schmal oder zu dünn sein, damit die Vorreiber genügend Halt haben. Wenn Sie den Bilderrahmen in einer Normgröße hergestellt haben, können Sie statt einer einfachen Pappe auch eine fertige Rückwand mit ausklappbarem Aufsteller wählen.

Die Vorreiber werden in gleichmäßigen Abständen auf der Rückseite des Rahmens angeschraubt, so daß die Spitzen die Pappe festhalten. Bohren Sie mit einem dünnen Bohrer die Löcher für die Schrauben vor. Alle Klammern müssen so angeschraubt werden, daß sie zwar fest sitzen, sich aber noch drehen lassen.

Wenn der Rahmen aufgestellt werden soll, kaufen Sie entweder eine Bildrückwand mit einem ausklappbaren Aufsteller, oder Sie sägen kleine Aufsteller aus Leistenresten. Sie werden unten am Rahmen angeleimt und halten ihn in schräger Position aufrecht. Für kleinere Rahmen genügen zwei gleich große Dreiecke (Abfallstücke der Rahmenleiste). Sägen Sie eine Gehrung im Winkel von 45°, die andere im Winkel von 55°. Bei einem größeren Rahmen nehmen Sie etwas längere Leistenstücke, die ebenso mit den Gehrungswinkeln 45° und 55° zugeschnitten werden. Die Schnittfläche, die im 45°-Winkel gesägt wurde, bildet jeweils die Standfläche Ihres Aufstellers. Um die Ansatzstelle der Aufsteller am Rahmen zu ermitteln, stellen Sie sie auf die Tischplatte,

Um den Rahmen staubsicher zu verschließen, kleben Sie über die Rückwand und die Rahmenrückseite Papierklebeband. Es wird mit einem Schwämmchen angefeuchtet und mit dem Falzbein glatt angedrückt

Im Falz kann ein Bild auch mit drehbaren Klammern (Vorreibern) befestigt werden. Sie ermöglichen, daß das Bild leicht ausgewechselt werden kann

dann lehnen Sie den Rahmen dagegen. Die Berührungsflächen auf dem Rahmen werden markiert und die Aufsteller dagegen geleimt.

Soll in einen Rahmen ein Spiegel eingesetzt werden, lassen Sie ihn beim Glaser zuschneiden. Der Spiegel wird in den Falz eingelegt und bekommt ebenfalls zum Schutz eine Papprückwand. Spiegel und Rückwand befestigen Sie mit Stiften und Klebeband im Falz.

Die Vorreiber in gleichmäßigen Abständen auf der Rückseite des Rahmens anschrauben, so daß die Spitzen die Bildrückwand festhalten.
Alle Klammern müssen so angeschraubt werden, daß sie zwar fest sitzen, sich aber noch drehen lassen

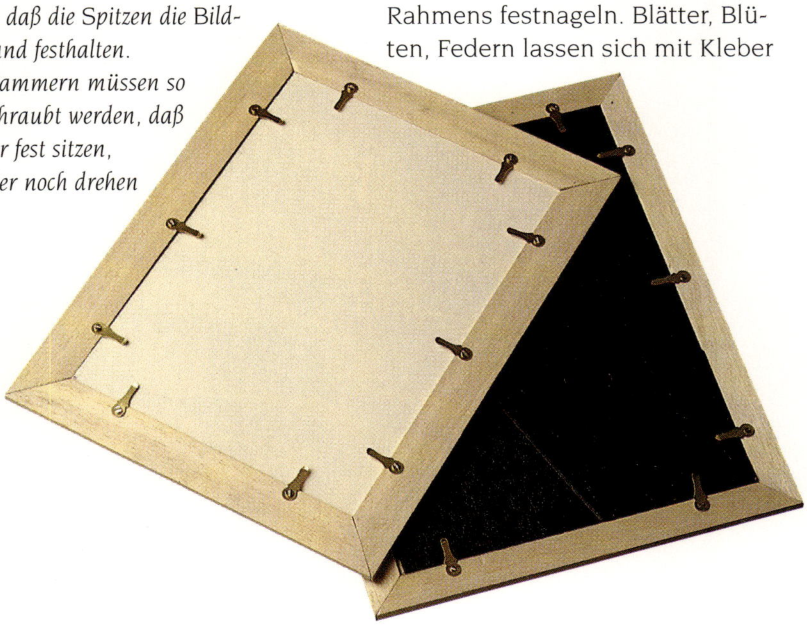

Selbstgebaute Rahmen können nicht nur zum Einrahmen von Bildern verwendet werden. Auch manche Objekte wirken sehr schön in einem Rahmen ohne Glas und Rückwand. Hängen Sie z. B. Kugeln, Ketten oder anderen Schmuck mit Draht, Band oder Bast in den leeren Rahmen. Anderes, z. B. ein Nest, können Sie an der Innenkante des Rahmens festnageln. Blätter, Blüten, Federn lassen sich mit Kleber auf farbigem Karton befestigen. Muscheln werden in Gips eingebettet, die Platte wird dann auf der Rückseite des Rahmens festgenagelt. Zum Aufbewahren von Broschen verwenden Sie eine weiche, mit Stoff bezogene Pappe, in die Sie die Broschennadeln einstecken. Für Armreifen und Ketten legen Sie in den Falz eine weiche Platte, in die Nägel eingeschlagen werden. Als Pinnwand verwenden Sie eine Korkplatte, weiches Sperrholz oder eine dünne Dämmplatte, die ebenfalls mit Stoff bezogen werden kann oder farbig gestaltet wird.

Aufsteller aus Leistenresten werden unten am Rahmen angeleimt und halten ihn in schräger Position aufrecht. Sägen Sie eine Gehrung im Winkel von 45°, die andere im Winkel von 55°. Die Schnittfläche, die im 45°-Winkel gesägt wurde, bildet die Standfläche des Aufstellers

Ausgefallene Rahmen

Fernöstliches Flair

Die Umrandung aus zartem Bambus strahlt viel Ruhe aus.

<u>*Material*</u>

Rahmen, 17 x 24 cm,
aus Rechteckleisten 10 x 55 mm,
Gesamtlänge 136 cm
für den Falz Rechteckleiste 5 x 35 mm,
Gesamtlänge 128 cm
etwa 35 Bambusstengel,
jeweils 30 cm lang
schwarze Holzbeize
Kraftkleber

Verleimen Sie zunächst die beiden Leisten miteinander. Die Rechteckleiste für den Falz wird auf die Rückseite der Leiste für den Rahmen geleimt. Sägen Sie die Leisten auf Gehrung und fügen Sie den Rahmen zusammen. Färben Sie anschließend das Holz ganz mit schwarzer Beize ein. Nun legen Sie Bambusstengel dicht nebeneinander auf die Längsseiten des Rahmens, um die Wirkung der Anordnung zu prüfen. Wenn Ihnen die Zusammenstellung gefällt, kleben Sie nacheinander die Stengel mit Kraftkleber auf den Rahmen. Dabei jeden Stengel eine Weile festhalten, bis der Kleber hält. Beginnen Sie mit dem Ankleben an den Innenseiten des Rahmens. Die nächsten Halme jeweils dicht anschließen. Zum Schluß werden die Stengel bündig mit dem Rahmen abgeschnitten. Vor dem Bekleben der Querseiten messen Sie die benötigte Länge und schneiden die Stengel entsprechend zu. Auch auf den Querseiten von innen nach außen arbeiten.

Nostalgie

Eine bunte Mischung aus vielen altmodischen Etiketten

<u>*Material*</u>
Rahmen, 14 x 22 cm,
aus Rechteckleisten 17 x 40 mm,
Gesamtlänge 114 cm
gesammelte Etiketten oder Ausschnitte aus Zeitschriften
Lack in passender Farbe
farbloser Lack
Holzleim zum Aufkleben der Etiketten

Aus den Rechteckleisten bauen Sie einen schlichten Rahmen. Zu Ihren Etiketten oder Ausschnitten wählen Sie einen passenden Farbton für die sichtbaren Teile des Rahmens aus. In dieser Farbe lackieren Sie die Innen- und Außenseiten und die Rückseite des Rahmens. Wenn die Farbe getrocknet ist, leimen Sie die Etiketten auf die Vorderseite. Legen Sie sie mit der Rückseite nach oben auf Zeitungspapier, um sie dünn mit Leim einzustreichen. Damit auch die Ränder kleben, muß der Leim über den Rand hinaus aufgetragen werden. Drücken Sie die Etiketten kräftig mit der Hand auf dem Rahmen fest. Am besten ein sauberes Blatt Papier auf das Etikett legen, damit austretender Leim nicht mit der Hand verwischt wird. Nach und nach werden alle Etiketten in bunter Folge aufgeklebt, bis der Untergrund des Rahmens nicht mehr zu sehen ist. Achten Sie auf eine harmonische Verteilung von Farben und Motiven. Wenn alles getrocknet ist, schneiden Sie überstehendes Papier mit einer Schere ab. Überziehen Sie den Rahmen zum Schluß mit farblosem Lack. Die aufgeklebten Etiketten halten dadurch besser und bekommen einen seidigen Glanz.

AMERICAN
SAVON A LA VIOLETTE
VICTOR VAISSIER
PARIS
NAVAJO
JBL
Lady Luxury
THE STONES
TOMATOES
THREE SISTERS BRAND
TIP TOP LIBRARY
AULT & WIBORG
PRINTING INKS

Grün umrandet

Ein Rahmen mit weicher Oberfläche, durchwirkt mit hellen und dunklen Fasern

Material
Rahmen, 25 x 31 cm,
aus Rechteckleisten mit abgerundeten Kanten 12 x 50 mm,
Gesamtlänge 162 cm
weiches Japanpapier, grün
Holzleim

Die Leisten werden auf Gehrung geschnitten und zu einem Rahmen zusammengefügt. Den fertigen Rahmen legen Sie auf das Japanpapier.

Entlang der Innen- und Außenkanten des Rahmens lassen Sie jeweils 3 cm Papier überstehen, den Rest schneiden Sie mit der Schere ab, so daß ein Papierrahmen übrigbleibt. Legen Sie den Holzrahmen mit der Rückseite auf Zeitungspapier und streichen Sie zunächst eine Rahmenseite dünn mit Holzleim ein, auch die Innen- und Außenkanten. Das Japanpapier wird auf den Rahmen gelegt und auf dem Leim festgedrückt. Wenn dabei Falten im Papier entstehen, versuchen Sie nicht, sie glattzuziehen. Die Falten verleihen dem Rahmen effektvolle Strukturen. Das weiche Papier läßt sich leicht um die Kanten biegen und andrükken. Da es sehr nachgiebig ist, lassen sich auch die Ecken leicht auf dem Leim modellieren. Umkleben Sie nun Seite für Seite des Rahmens. Dann drehen Sie ihn um und leimen das überstehende Papier auf der Rückseite fest. Wenn Sie für den Rahmen einen Falz benötigen, leimen Sie zum Schluß Falzleisten (etwa 5 x 30 mm) auf.

Dezentes Patchwork

Fein abgestimmte Farben und die Struktur der Papiere ergeben ein harmonisch wirkendes Muster

Material
Rahmen, 25 x 31 cm,
aus Rechteckleisten mit abgerundeten Kanten 12 x 50 mm,
Gesamtlänge 162 cm
verschiedene Papiersorten, z. B. Packpapier, dünnes Japanpapier mit Struktur, marmoriertes Papier, weißes strukturiertes Umweltschutzpapier, gesprenkeltes Packpapier, Krepp-Dekorationsband
Holzleim zum Aufkleben

Schneiden Sie die Leisten auf Gehrung und bauen Sie den Rahmen zusammen. Das Wichtigste für die Dekoration dieses Rahmens: Die ausgewählten Papiere müssen farblich miteinander harmonieren. Aus

dem Papier reißen Sie nach Belieben schmale und breite Dreiecke, Streifen oder Schnipsel. Alle Teile werden nacheinander rundherum auf dem Rahmen festgeleimt. Zum Einstreichen legen Sie das Papier mit der Vorderseite auf Zeitungspapier und streichen die Rückseite satt mit Leim ein. Beim Aufkleben drükken Sie das Papier mit dem Finger von der Mitte aus zum Rand hin fest. Überschüssigen Leim wischen Sie vorsichtig mit einem feuchten Tuch ab. Bekleben Sie auch die Kanten innen und außen und biegen Sie überstehendes Papier auf die Rückseite um. Alle Streifen oder Schnipsel müssen sich jeweils etwas überlappen, bis kein Holz mehr zu sehen ist. So stellen Sie auf dem Rahmen ein interessantes Patchwork zusammen. An den Ecken schneiden Sie das überstehende Papier diagonal ein und biegen es nach hinten um. Wenn Sie für den Rahmen einen Falz benötigen, kleben Sie zum Schluß eine flache Rechteckleiste (5 x 30 mm) auf der Rückseite des Rahmens auf.

Natürlich geschmückt

Interessanter Blickfang: ein Trockenblatt oder eine Feder

<u>*Material*</u>
fertiger Wechselrahmen, 12 x 17 cm, oder gleich großer Rahmen aus Bilderrahmenleisten 12 x 50 mm, Gesamtlänge 108 cm
Packpapier
festes weißes Papier oder Karton für die Schablone
Holzleim oder Kleister
attraktives getrocknetes Blatt oder Feder

Wenn Sie keinen Wechselrahmen in der benötigten Größe finden, bauen Sie den Rahmen aus glatten Bilderrahmenleisten selbst. Bevor Sie den Rahmen mit Packpapier bekleben, stellen Sie für jede Rahmenseite eine Schablone aus festem Papier oder Karton her (siehe Zeichnung). Zur Herstellung der Schablone messen Sie von jeder Seite die Länge der Außen- und der Innenkante. Außerdem brauchen Sie die Breite der Leiste und die Dicke am Innen- und am Außenrand. Fügen Sie bei Ihrer Schablone innen und außen jeweils 1 cm für den Umschlag auf die Rückseite hinzu. Die Gehrungslinie zeichnen Sie im 45°-Winkel ein. Schablonen ausschneiden und auf das Packpaier legen (Laufrichtung des Papiers oder Richtung der Streifen beachten). Umranden Sie die Schablonen mit Bleistift und schneiden Sie die Teile aus. Rückseite mit Kleister einstreichen. Das Packpapier wird so auf die betreffende Rahmenseite gelegt, daß die Gehrungslinie genau mit der Gehrung des Rahmens übereinstimmt.

Kleben Sie zunächst den Innenrand fest. Den überstehenden Streifen biegen Sie um die Kante auf die Rückseite des Rahmens und drükken ihn dort an. Von der Innenkante aus streichen Sie das Papier auf dem Rahmen glatt und kleben es um die Außenseite herum. Auch hier überstehendes Papier nach hinten umschlagen und andrücken. Auf diese Weise bekleben Sie zwei gegenüberliegende Seiten. Wenn der Kleber getrocknet ist, schneiden Sie überstehendes Papier an den Ecken ab. Gehen Sie genauso vor, um die beiden anderen Seiten zu bekleben. Zum Schluß schmücken Sie Ihren Rahmen mit einem dekorativen Trockenblatt oder einer Feder.

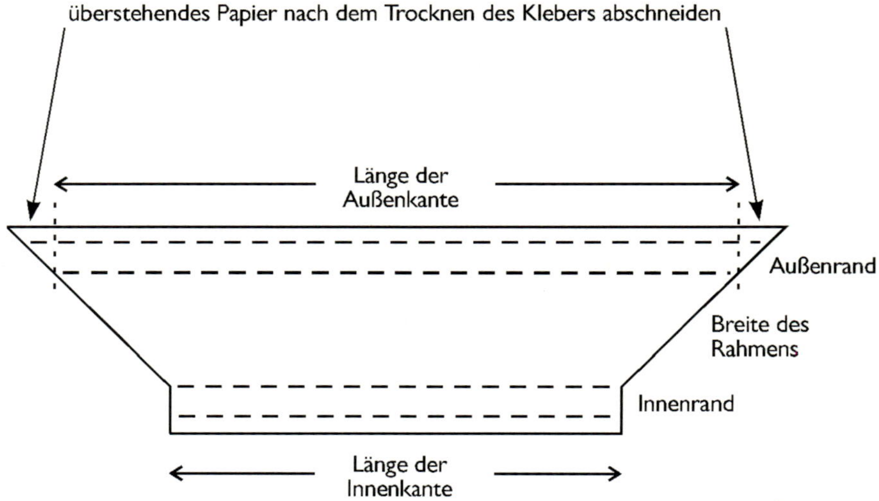

Zeitlos

Ein Rahmen mit markanten Ecken für viele Motive

<u>*Material*</u>
fertiger Wechselrahmen, 8 x 12 cm, aus Leisten 13 x 20 mm
dünne Korkblätter
schwarzer Lack
Holzleim zum Aufkleben

Lackieren Sie zuerst die Ecken des Wechselrahmens mit schwarzem Lack. Der Kork, mit dem Sie den Rahmen zwischen den Ecken bekleben, muß hauchdünn sein. Wenn Sie keine Korkblätter finden, verwenden Sie ein attraktives Papier, das z. B. marmoriert sein kann oder ein anderes interessantes Muster aufweist. Schneiden Sie jeweils zwei Streifen in den Größen 5,5 x 8 cm und 5,5 x 12 cm mit dem Cutter zu. Falls Ihr Rahmen eine andere Größe hat, messen Sie ihn aus: Die Länge der benötigten Streifen entspricht der Länge der Innenkanten des Rahmens. Die Breite ergibt sich aus der Leistenbreite und der Dicke am Innen- und am Außenrand, dazu jeweils 1 cm für den Umschlag auf der Rückseite. Zur Sicherheit machen Sie zunächst eine Probe mit weißem Papier. Streifen ausschneiden, auf Zeitungspapier legen und die Rückseite mit Leim einstreichen. Dann werden die Streifen so auf den Rahmen gelegt, daß auf der Rückseite jeweils etwa 1 cm übersteht. Diesen Teil umschlagen und ankleben.

Weißes Relief

Ein dezenter Rahmen in strahlendem Weiß

Material
Rahmen, 21 x 31 cm,
aus Rechteckleisten mit abgerundeten
Kanten 12 x 50 cm,
Gesamtlänge 154 cm
für den Falz Quadratleiste 10 x 10 mm,
Gesamtlänge 130 cm
Mullbinden
Gips
Spachtel
Holzleim

Stellen Sie zunächst den Rahmen her. Die Leisten für den Falz werden später aufgeleimt. Umwickeln Sie den Rahmen fest mit Mullbinden, die Sie mit einem Pinsel anfeuchten. Rühren Sie Gips an und tragen Sie ihn mit einem Spachtel dick vorne und an den Seiten des Rahmens auf. Verstreichen Sie den Gips unregelmäßig, so daß eine lebhafte Struktur entsteht. Solange der Gips feucht ist, können Sie ihn mit dem Spachtel bearbeiten oder mit dem Finger glätten. Wenn alles gut durchgetrocknet ist, bringen Sie auf der Rückseite die Leiste für den Falz

Federschmuck

Dekoration aus kleinen und großen Federn

Material
Rahmen, 14,8 x 21 cm,
aus Rechteckleisten 22 x 40 mm,
Gesamtlänge 114 cm
Federn in vielen verschiedenen Größen
Sprühkleber oder Alleskleber in der Tube
schwarze Holzbeize

Bauen Sie den Rahmen aus den Rechteckleisten und färben Sie ihn an den Seiten und auf der Rückseite mit schwarzer Holzbeize ein. Nun verteilen Sie die großen Federn auf dem Rahmen und prüfen die Wirkung dieser Anordnung. Dann besprühen Sie die Federn nach und nach auf der Rückseite mit Kleber. Sie werden mit den Fingern vorsichtig auf dem Holz festgedrückt, so daß die zarten Federspitzen festen Halt haben. Wenn Sie mit Alleskleber arbeiten, streichen Sie die Federn dünn ein. So lange festhalten, bis sie nicht mehr verrutschen. Mit kleinen Federn decken Sie die Lücken ab, so daß der Untergrund fast vollständig bedeckt ist. Überstehende Federn schneiden Sie mit einer Schere ab. Einige dürfen auch dekorativ über den Rand des Rahmens hinausragen.

Rahmen mit Goldhauch

Leicht aufgetupftes Gold gibt dem Holz einen antiken Charakter

Material
Rahmen, 28 x 44 cm,
aus Rahmen- oder Profilleisten
15 x 50 mm, Gesamtlänge 195 cm
Goldfarbe
roter Lack
zwei kleine Schwämme
farbloser Lack
Pinsel

Stellen Sie zunächst den Rahmen her. Er wird in Tupftechnik verziert. Damit Sie großzügig arbeiten können, legen Sie den Rahmen auf Zeitungspapier. Auf einen Schwamm träufeln Sie etwas Goldfarbe und tupfen die Farbe leicht auf. Ich empfehle Ihnen, diese Technik zunächst auf Papier auszuprobieren. Überschüssige Farbe drücken Sie über Zeitungspapier aus. Je nach Geschmack können Sie das Holz dicht mit Goldtupfen bedecken oder den Untergrund durchscheinen und mitwirken lassen. Mit dem zweiten Schwamm betupfen Sie nun die Ränder mit roter Farbe. Das Profil am Innenrand heben Sie hervor, indem Sie mit einem schmalen Pinsel eine rote Linie ziehen. Anschließend versehen Sie den Rahmen mit einem Überzug aus farblosem Lack.

Gesprenkelt

Sprenkel und Tupfen – der Rahmen für Notizen und Erinnerungen

Material
Rahmen, 22 x 33 cm, aus Profilleisten 5 x 40 mm, Gesamtlänge 152 cm
für den Falz Rechteckleiste 12 x 25 mm, Gesamtlänge 152 cm
schwarze Tusche
dunkelblauer Bastellack
Goldfarbe
drei Pinsel mittlerer Größe

Verleimen Sie die Profil- und die Rechteckleiste am Außenrand bündig miteinander. Aus dieser so entstandenen Falzleiste bauen Sie den Rahmen. Bei der weiteren Gestaltung wird viel Farbe verspritzt. Decken Sie daher die Arbeitsfläche großzügig mit Zeitungspapier ab. Experimentieren Sie vorher ein wenig auf Papier. Tauchen Sie einen Pinsel in schwarze Tusche und spritzen Sie die Farbe mit Schwung auf den Rahmen. Auf diese Weise entstehen kleine und große Tupfen in zufälliger Anordnung, möglichst unregelmäßig verteilt. Lassen Sie die Farbe trocknen, bevor Sie mit der nächsten beginnen. Mit dem zweiten Pinsel spritzen Sie blaue Farbe auf. Wenn sie getrocknet ist, nehmen Sie einen feineren Pinsel für die Goldfarbe. Eine Kante der Profilleiste wird hervorgehoben, indem sie durchgehend mit Goldfarbe bemalt wird.

Abblätternder Charme

Unter kühlem Türkis kommt Gold zum Vorschein

<u>*Material*</u>
Rahmen, 23 x 31,5 cm, aus profilierten Rahmenleisten 25 x 40 mm, Gesamtlänge 151 cm
Bastelfarbe: rotgold oder gold und türkis
Krakelierlack
Cutter
feiner Pinsel

Die Leisten auf Gehrung sägen und zum Rahmen zusammenfügen. Der Rahmen wird rundherum mit Goldfarbe angestrichen. Nach dem Trocknen der Goldfarbe überziehen Sie den Rahmen gleichmäßig mit Krakelierlack und lassen ihn trocknen. Darauf kommt eine Schicht Türkis. Nach einiger Zeit wird der Krakelierlack etwas aufbrechen und feine Risse zeigen. Mit dem Cutter kratzen Sie die Risse etwas auf, so daß einige Goldflecken durchschimmern. Gehen Sie dabei vorsichtig zu Werke, denn der Charakter der abblätternden Farbe darf nicht durch Kratzspuren zerstört werden. Eine Rille oder Linie der Profilleiste wird mit einem feinen Pinsel mit Goldfarbe hervorgehoben.

Barocker Rahmen

Üppige Rosetten schmücken die Ecken dieses schillernden Rahmens

<u>*Material*</u>
Rahmen, 8,5 x 8,5 cm,
aus Rechteckleisten mit abgerundeten Kanten 15 x 50 mm,
Gesamtlänge 84 cm
für den Falz Rechteckleiste 2 x 20 mm,
Gesamtlänge 70 cm
vier Rosetten aus Holz oder Kunststoff
Holzleim
Bastelfarben: kupfer, rotgold, gelbgold
Flachpinsel

In die Ecken des fertigen Rahmens kleben Sie auf die Gehrungslinien je eine Rosette und malen alles im Kupferton an. Auf diesen Untergrund tupfen Sie mit dem Pinsel leicht verwischte Flächen in Rotgold. Tragen Sie die Farbe dabei vorsichtig mal dicker, mal dünner auf. Nach dem Trocknen fügen Sie auf die gleiche Weise das hellere Gelbgold dazu, so daß sich eine schillernde Oberfläche ergibt.

Kleines Schmuckstück

Zauberhafter kleiner Rahmen in Gold und Silber

Material
Wechselrahmen, 8 x 12 cm
Zierleiste
Silber- und Goldfarbe
Holzleim
Flachpinsel

Von der Zierleiste schneiden Sie zwischen den Punkten zwei etwa 14 cm lange Stücke ab. Die Punktreihen werden auf der Rückseite mit Leim eingestrichen und auf die Längsseiten des Rahmens geklebt. Drücken Sie die Leisten fest auf. Überschüssigen Leim wischen Sie sofort mit einem feuchten Tuch ab. Malen Sie den Rahmen mit Silberfarbe an. Nach dem Trocknen tauchen Sie den Pinsel in Goldfarbe und streichen ganz leicht über den silbernen Untergrund, so daß ein verwischter Effekt entsteht. Anschließend können Sie mit Silber einige stärkere Akzente auf das Gold setzen.

Rahmen mit Patina

Patina, Craquelé und kupferne Zierleisten geben diesem quadratischen Rahmen seinen Reiz

Material
Rahmen, 8,5 x 8,5 cm,
aus Rechteckleisten mit abgerundeten
Kanten 13 x 50 cm,
Gesamtlänge 84 cm
für den Falz Rechteckleiste 4 x 8 mm,
Gesamtlänge 70 cm
Zierleiste
Bastelfarbe: kupfer, türkis, dunkelgrün
farbloser Lack
Holzleim
Pinsel
Krakelierlack

Die Leisten werden auf Gehrung gesägt und zu einem quadratischen Rahmen zusammengesetzt. Die Zierleiste sägen Sie in vier 6 cm lange Stücke, die auf die Gehrungen in den Ecken geklebt werden. Malen Sie Rahmen und Zierleisten kupferfarben an und lassen Sie die Farbe trocknen. Mit einem Pinsel setzen Sie darauf nun unregelmäßige türkisfarbene Tupfen, so daß der Kupferton noch durchschimmert. Die Zierleisten färben Sie nur am Rand etwas ein, sie sollen kupferfarben hervortreten. Nach dem Trocknen tupfen Sie dunkelgrüne Farbe auf, wodurch sich ein Patinaeffekt ergibt. Die trockenen Schichten mit Krakelierlack überziehen. Wenn diese Lackschicht aufreißt, entstehen haarfeine Risse in der Oberfläche. Zum Schluß wird der Rahmen mit farblosem Lack überzogen.

Spiegelrahmen

Die klassische Verzierung gibt diesem silbernen Spiegelrahmen ein edles Aussehen

Material
Rahmen, 21 x 31,5 cm,
aus Rechteckleisten mit abgerundeten
Kanten 15 x 50 mm,
Gesamtlänge 155 cm
für den Falz Rechteckleiste 5 x 20 mm,
Gesamtlänge 140 cm
Halbrundstab 5 x 10 mm,
Gesamtlänge 250 cm
Rechteckleiste 10 x 55 mm, 40 cm lang
Rechteckleiste 5 x 30 mm, 40 cm lang
helle und dunkle Silberfarbe
Holzleim
Holzfüllmasse

Bauen Sie den Rahmen zusammen und leimen Sie auf die Rückseite die Falzleiste auf. Dann setzen Sie die Halbrundstäbe auf die Längsseiten des Rahmens, jeweils drei Stück nebeneinander. Sie werden entsprechend dem Verlauf der Gehrung im 45°-Winkel zugeschnitten. Für die Verzierung der oberen Rahmenseite verleimen Sie die beiden Rechteckleisten an einer Außenseite bündig miteinander. Einen 20 cm langen Abschnitt dieser zusammengeleimten Leisten sägen Sie an den Enden im 45°-Winkel zu. Die Winkel verlaufen nach innen, zur dickeren Seite hin. Aus dem Rest stellen Sie ein Dreieck her, ebenfalls mit 45°-Winkeln an der Basis. Auch hier liegt die dickere Seite oben. Beide Abschnitte werden mittig zusammengeleimt und in die Mitte der oberen Rahmenleiste gesetzt. Beim Aufleimen nehmen Sie Schraubzwingen zu Hilfe und wischen überschüssigen Leim mit einem feuchten Tuch sofort weg. Das Holz schützen Sie mit Karton oder weichem Papier gegen Druckstellen. Auch die Halbrundstäbe leimen Sie nun auf die Längsseiten auf. Nach dem Trocknen des Leims wird der Rahmen mit der dunkleren Silberfarbe gestrichen. Wenn ein Spiegel eingesetzt werden soll, muß auch die Innenseite des Falzes silbern eingefärbt sein. Tragen Sie die Farbe mit dicken Pinselstrichen auf. Die Bemalung erhält so eine Struktur, die durch ihre Unregelmäßigkeit attraktiv wirkt. Die Zierleisten und der untere Teil des Schmuckaufsatzes sind in einem helleren Silberton gehalten.

Geometrischer Rahmen

Auffallend durch klare Linien und starke farbliche Kontraste

<u>*Material*</u>
Rahmen, 10 x 10 cm,
aus Rechteckleisten 7 x 55 mm,
Gesamtlänge 94 cm
für den Falz Rechteckleiste 7 x 25 mm,
Gesamtlänge 94 cm
Bastelfarbe: rot, gelb, blau und grün
Holzleim
Pinsel

Die beiden Rechteckleisten werden vor dem Zuschneiden miteinander verleimt, so daß sie an einer Außenkante bündig abschließen. Die beim Sägen sich ergebenden dreieckigen Abfallstücke lassen sich sehr gut als Schmuckelemente verwenden. Sie werden später in der Mitte jeder Rahmenseite aufgeleimt. Zuvor lackieren Sie jedoch den Rahmen im Wechsel blau und grün, wobei die Innen- und Außenkanten jeweils in der anderen Farbe angestrichen werden. Arbeiten Sie sorgfältig, damit die Ränder glatt und sauber aussehen. Die Frontseiten der Dreiecke malen Sie rot an, die Kanten und die aufgedickte Rückseite gelb. Wenn die Farbe gut durchgetrocknet ist, leimen Sie die Dreiecke mittig auf die Rahmenseiten. Die Falzkante der Dreiecke sitzt auf der Außenseite des Rahmens auf.

Impressionen in Gold

Glänzendes Blattgold auf apartem schwarzem Rahmen

<u>Material</u>
Rahmen, 7 x 10 cm,
aus Rechteckleisten mit abgerundeten Kanten 13 x 50 mm,
Gesamtlänge 82 cm
für den Falz Rechteckleiste 4 x 10 mm,
Gesamtlänge 65 cm
schwarze Holzbeize
Blattgold
Grundierungsöl
Überzugslack
zwei Pinsel

Aus den Leisten sägen Sie vier gleich lange Stücke auf Gehrung zu. Die Länge der Außenkanten beträgt jeweils 18 cm. Beim Zusammensetzen des Rahmens werden die Ecken jedoch nicht paßgenau, sondern versetzt aneinandergeleimt. Die senkrechten Leisten werden etwas nach innen verschoben, jeweils um den gleichen Betrag. Beim Verleimen können Sie nicht wie sonst mit dem Rahmenspanner arbeiten. Verwenden Sie Eckzwingen, mit denen Sie die Gehrungsflächen auch verschoben aneinanderpressen können, oder spannen Sie die Leisten auf der Arbeitsplatte fest. Wenn der Leim getrocknet ist, schneiden Sie die Leisten für den Falz zu. Sie werden auf der Rückseite aufgeleimt. Der Rahmen wird schwarz gebeizt und nach dem Trocknen der Farbe mit Blattgold verziert. Dazu tragen Sie an den gewünschten Stellen Grundierungsöl auf und lassen es trocknen (Gebrauchsanweisung des Herstellers beachten). Auf diese Flächen wird das Blattgold mit einem Pinsel aufgerieben. Mit einem sauberen Pinsel entfernen Sie später das überschüssige Gold. Die vergoldeten Flächen werden mit einem Überzugslack fixiert.

Malerische Komposition

Kontrast zwischen malerischem Fond und strengem goldenem Ornament

Material
Rahmen, 18,5 x 31,5 cm,
aus Rechteckleisten mit abgerundeten Kanten 12 x 50 mm,
Gesamtlänge 150 cm
für den Falz Rechteckleiste 5 x 20 mm,
Gesamtlänge 135 cm
Bastelfarbe rotgold und gelbgold
Ölfarbe ocker
Holzbeize Dunkle Eiche und Kirsche
flacher Pinsel und Tupfpinsel
vier Töpfchen (Marmeladengläser)
Pinselreiniger

Für diesen Rahmen sollten Sie die einzelnen Seiten nacheinander zuschneiden, um wirklich exakt zu arbeiten. Beginnen Sie mit der oberen Rahmenseite. Sie ist 18,5 cm lang (Innenkante) und wird beidseitig auf Gehrung gesägt. Parallel zum Gehrungsschnitt auf der rechten Seite sägen Sie die Leiste nun in verschieden breite Abschnitte. Im gezeigten Beispiel liegt der erste Sägeschnitt, gemessen von links an der Innenkante, bei 32 mm. Die folgenden Abschnitte sind 35, 17 und 32 mm breit. Die Teilstücke werden, etwas nach oben und nach unten verschoben, wieder zusammengeleimt. Beim Verleimen achten Sie darauf, daß die beiden Enden der Leiste genau auf einer Linie liegen. Fixieren Sie das Ganze mit Schraubzwingen auf Ihrer Arbeitsplatte. Als nächstes schneiden Sie die beiden Längsseiten des Rahmens zu. Sie haben ein Innenmaß von 31,5 cm und werden mit der oberen Rahmenseite zusammengeleimt. Das genaue Maß für die noch fehlende untere Seite nehmen Sie an dem halbfertigen Rahmen ab. Bauen Sie den Rahmen fertig. Die Farbgestaltung erfordert etwas Geduld. Zunächst färben Sie den Rahmen mit Ölfarbe im Ockerton ein. Lassen Sie die Farbe einen Tag trocknen. Für die weitere Bearbeitung benötigen Sie vier Gläser: je eins für die beiden Holzbeizen und für beide Beizen je ein Glas mit Pinselreiniger. Mit der Beize tupfen Sie unregelmäßig Flecken auf den Rahmen auf, wobei Sie beide Farbtöne abwechselnd verwenden. Den Pinsel zwischendurch immer wieder reinigen. Anschließend mit dem Flachpinsel die Beize in hell und dunkel variierenden Flecken etwas verwischt auftragen. Mit einem sauberen Pinsel spritzen Sie schließlich etwas Pinselreiniger auf die Farben, so daß sich weitere Farbschattierungen ergeben. Lassen Sie alles 20 Minuten trocknen. Wenn Sie mit dem Ergebnis noch nicht zufrieden sind, tragen Sie weitere Tupfen und Flecken auf. Nach dem Trocknen verteilen Sie mit einem Rundpinsel und mit dem Flachpinsel Goldflecken auf dem Rahmen. Als Verstärkung für die obere Rahmenseite leimen Sie eine schmale Falzleiste auf die Rückseite auf.

Frech versetzt

Ein pfiffiger Rahmen aus neu zusammengesetzten Leisten

Material
Rahmen, 5 x 7,5 cm,
aus Profilleisten 8 x 40 mm,
Gesamtlänge 76 cm
für den Falz Quadratleiste 12 x 12 mm,
Gesamtlänge 65 cm
roter und grüner Bastellack
Holzleim

Für diesen Rahmen sägen Sie vier gleich lange Seitenteile auf Gehrung (Innenkante jeweils 6,5 cm). Die beim Zuschnitt anfallenden Dreiecke bewahren Sie auf. Sie benötigen vier Stück, schneiden Sie also eventuell noch ein weiteres zu. Verleimen Sie jeweils zwei Rahmenseiten zu einem rechten Winkel. Diese Winkel werden versetzt aneinandergeleimt. Die übriggebliebenen Dreiecke leimen Sie als Verzierung an die Außenseiten des Rahmens. Zwei der Dreiecke fügen Sie zu einer Spitze zusammen und setzen sie auf die obere Rahmenseite. Einige Linien des Profils heben Sie hervor, indem Sie sie mit roter oder grüner Farbe ausmalen. Diese Farbverteilung wiederholen Sie an den dreieckigen Ansätzen. Die Leisten für den Falz schneiden Sie so zu, daß der Falz etwa 5 mm von der Außenkante nach innen gesetzt wird.

Naturverbunden

Rauhe Leisten, Bast und Schilf – eine rustikale Zusammenstellung

Material
Rahmen, 16 x 16 cm,
aus Rechteckleisten mit abgerundeten Kanten 15 x 50 mm, Gesamtlänge 120 cm
zwei Bambus- oder Schilfstäbe
Bastfäden
Holzleim

Beim Zuschnitt der Leisten für diesen Rahmen brauchen Sie keine Gehrungen zu sägen. Alle Leisten sind 30 cm lang und werden im rechten Winkel gesägt. Legen Sie zwei Leisten im Abstand von 16 cm waagerecht auf Ihre Arbeitsplatte. Die beiden anderen Leisten werden im rechten Winkel ebenfalls mit 16 cm Abstand darübergelegt. An den Ecken sollen die Leisten jeweils 2 cm überstehen. Auf die Berührungsflächen tragen Sie satt Holzleim auf und pressen die Leisten mit Schraubzwingen aufeinander. Zwei ebenfalls 30 cm lange Schilf- oder Bambusstäbe legen Sie quer über die zuoberst liegenden Leisten. Die Stäbe werden mit Bast über Kreuz auf den Ecken festgebunden.

Die Deutsche Bibliothek
– CIP-Einheitsaufnahme
Bilderrahmen – Rahmenbilder:
Werkzeug, Material, Technik; Beispiele und Anwendungen/Christel Claudius. – Augsburg: Augustus-Verlag, 1996
ISBN 3-8043-0339-0
NE: Claudius Christel

Fotos der Arbeitsschritte:
Rudolf Koch, Darmstadt
Fotos der Motive im Rahmen:
Christel Claudius
Alle anderen Fotos:
Annette Hempfling, München
Lektorat: Günter Wiegand, Wiesbaden
Umschlaggestaltung:
Christa Manner, München

Layout: Anton Walter, Gundelfingen

AUGUSTUS VERLAG AUGSBURG 1996

Satz: Gesetzt aus 10 Punkt Novarese Book in Quark-X-Press von Walter Werbegrafik, Gundelfingen
Reproduktion: Repro Ludwig, A-Zell am See
Druck und Bindung: Appl, Wemding

Gedruckt auf 120 g umweltfreundlich elementar chlorfrei gebleichtes Papier.

ISBN 3-8043-0339-0
Printed in Germany